Himmel und Erde

von

Hans Fritsch

Motto: Wie oben so unten, wie innen so außen«

Website: https://gfk-mediation.de

Verlagslabel: Care-Verlag

Druck und Distribution im Auftrag des Herausgebers:

tredition

tredition GmbH, Heinz-Beusen-Stieg 5, 22926 Ahrensburg, Germany

Inhalt

1. Mein Weg bis heute

Seit ich denken kann habe ich nach universaler Erkenntnis gestrebt. Mir schwebte gleichsam der Bau einer Art kosmischen Klaviatur vor, in der alle reinen Töne ihrer wahren Ordnung nach bereit liegen, um damit jede richtige Gedanken-Melodie zu spielen. Als Kind dachte ich, dass etwas derartiges in der Schule gelehrt werden würde, und so war es für mich eine von vornherein ausgemachte Sache, dass ich meinen Weg von der untersten bis zur höchsten Schulstufe gehen würde. Spätestens vor der Hochschule aber war mir klar geworden, dass es so etwas auf der ganzen Welt nicht gab, und ich sah mich nach Möglichkeiten um, mir ein derartiges Erkenntnis-Klavier selber zu bauen.

Nachdem der Mensch der Mikrokosmos auf Erden ist, interessierte er mich damals ganz besonders. Ich machte die Bekanntschaft mit der Klages'schen Graphologie[1], der es gelungen war, die unvorstellbare Fülle an individuellen Schriftzügen in ein Deutungs-System von wenigen Schrifteigenschaften zu bringen, die praktisch gehandhabt werden konnten und lernte das an zahlreichen graphologischen Gutachten, so dass ich nach dem Krieg für kurze Zeit sogar Berufs-Graphologe war, weil ich als Arzt nicht unterkommen konnte.

Bald nach der Graphologie der Klages-Schule lernte ich auch die Astrologie kennen. Was es daran zu lernen gab, war bald gelernt; aber dann stellte sich heraus, dass wissenschaftlich hier nicht mehr vorhanden war als ein riesiges Feld von Möglichkeiten, die aber nur einer meisterhaften Intuition ganz weniger Könner und Kenner zugänglich waren und es auch heute noch sind. Denn obwohl auf der ganzen Welt seit Jahrzehnten Astrologie betrieben wird, hat noch kein Astrologe auch nur den Gedanken gefasst, sich die Gestirn-Bedeutungen in irgendeiner Form wissenschaftlich abzuleiten, sondern sich mit alten Überlieferungen begnügt und darauf verlassen, dass es den alten Stern-Weisen schon

[1] Friedrich Konrad Eduard Wilhelm Ludwig Klages (geb. 10.12.1872 in Hannover; gestorben am 29.07 1956 in Kilchberg, Schweiz): Lebensphilosoph, Psychologe und Begründer der ausdruckswissenschaftlichen Graphologie – Anm. des Herausgebers

gelungen war, die richtigen Deutungen zu finden; - wie? - nun darum war man ziemlich unbekümmert. Und so ist die Astrologie auch bis heute eine Glaubens- oder Aberglaubenssache geblieben, über die man lächelt oder sich mit ihr unterhält. Etwas mag ja auch an der Sache dran sein! - Aber was?-

Nun ja, eben das wollte ich damals auch beantwortet haben. Und da mir diese Antwort niemand geben konnte, musste ich sie selber finden - und - fand sie auch rund zwanzig Jahre später. Interessanterweise fand ich die Bedeutungen der Gestirne, der astrologischen Häuser und der Tierkreiszeichen über ein tieferes Verständnis der Genesis in der Bibel (1 Mose, 1). In der Folge fand ich auch in der Offenbarung - also im letzten Kapitel der Bibel - eine astrologische Tierkreis-Schilderung, wenn auch mehr verschlüsselt, und zwar in der Schilderung der 4 Himmels-Tiere und der vier sogenannten apokalyptischen Reiter. Jede Behauptung von irgendeiner - gleichgültig welcher - konfessionellen Seite, dass die Bibel die Astrologie verbietet, scheitert an diesen beiden Tatsachen, denn damit wäre es verboten, die Genesis und die Offenbarung - den Anfang und das Ende der Bibel - zu lesen!

Ich ging also daran, sämtliche Elemente der Astrologie folgerichtig abzuleiten und zu deuten. Die Astronomie von einst in der Genesis stimmte mit der heutigen Astronomie vollkommen überein, sodass die Ableitung der Deutungs-Elemente nicht schwer war. Was die Deutung betrifft, gab mir das Sechs-Schichten-Gefüge der ersten sechs Tage am Anfang und die Zwölf-Steine-Ordnung der Heiligen Stadt am Ende das Beispiel: Auch für die Gestirne war eine Deutung nach dem Prinzip der Zahl sicher das einzig Richtige. Jedenfalls hatte sich dies inzwischen als praktisch richtig herausgestellt. Aber nicht das allein, denn wir haben astrologisch nur Zehn Gestirne (die Wandelsterne mit der Sonne). Nimmt man aber noch die Himmels-Sphäre mit hinzu, sowie als Zentrum des ganzen Systems den zweiten Brennpunkt der Erdbahn-Ellipse neben der Sonne, dann kommen wir in Übereinstimmung zur Heiligen Stadt ebenfalls hier auf zwölf astrologische Elemente, die sich in einer Sphären-Ordnung oder auch in einer Linie gleichsam auffädeln lassen.

Diese zwölf Elemente lassen sich direkt mit den zwölf Steinen der Heiligen Stadt vergleichen, wobei sich zeigt, dass beide ein genaues Gleichnis voneinander darstellen. -

Es ist dies freilich nicht so sehr verwunderlich, wie es etwa scheinen möchte, denn die Bedeutungen beider - der Sterne und der Steine -sind nach dem Prinzip der Zahlen gefunden worden, also nach jenem Prinzip, das ein jegliches andere zusammenfasst. In jeder Wissenschaft hat alles, was mathematisch (also arithmetisch oder geometrisch) erfasst wurde, seinen letzten und unzweifelhaften Ausdruck gefunden.

Ich war also schließlich über die Astrologie bis zu den Bedeutungen der Heiligen Stadt vorgedrungen. Sie soll als Neuer Himmel und Neue Erde den ganzen Kosmos als eine einzige Universal-Ordnung in sich schließen und damit jene Klaviatur aller wahren Erkenntnis darstellen. Es galt nur noch die Saiten des Klaviers durch die richtigen Worte (in deutscher Sprache)[2] so abzustimmen, dass ein Spiel auf den Tasten einen wahren Sinn ergibt. Und dann gilt es schließlich noch Spieler zu finden, die echte Künstler sind oder es werden wollen.

---

[2] Der Autor war überzeugt, dass unterschiedliche Sprachen unterschiedliche Qualitäten zum Ausdruck bringen können und sich besonders Deutsch als Sprache für die hintergründige Erkenntnisgewinnung eignet. Diese These kann man versuchen zu belegen oder das auch sein lassen. Interessant werden in erster Linie die gewonnen Erkenntnisse aus der Suche sein. Der Erfolg darf hier also der angemessene Gradmesser der These sein. Es geht hier darum, Musterzusammenhänge aus Worten, Zahlen und Weltzusammenhängen zu finden und in diesen Musterzusammenhängen Erkenntnisse über die Welt, den Geist und die Schöpfungsstrukturen zu gewinnen. In meinem Buch „Tanz der Quanten" schreibe ich über meine daraus abgeleiteten Erkenntnisse in Form des Models der Quanten-Matrix. Die Herleitung ist zumindest für mich dann nicht mehr bedeutungsvoll, sondern das Modell, wenn es stimmige Resultate hervorbringt. Trotzdem ist der Zugang spannend und auch herausfordernd. Welche Musterzusammenhänge lassen sich wo überall sonst noch erkennen? Welche besondere Qualitäten haben andere Sprachen und Schriften? – Anmerkung des Herausgebers

2. Wie oben so unten.

(Hermes Trismegistos)

Es dürfte sich empfehlen jetzt ein wenig Bibel-Exegese zu betreiben. Denn in keinem astronomischen Lehrbuch sind auch heute noch die vier Himmels-Ebenen so kurz und klar beschrieben, wie auf der ersten Seite der Bibel. Ich zitiere daher die Lutherbibel aus 1.Mose 1:

> Am Anfang schuf Gott Himmel und Erde.
>
> Und die Erde war wüst und leer, und es war finster auf der Tiefe, und der Geist Gottes schwebte auf dem Wasser.
>
> Und Gott sprach: Es werde Licht. Und es ward Licht.
>
> Und Gott sah, dass das Licht gut war. Da schied Gott das Licht von der Finsternis
>
> Und nannte das Licht Tag und die Finsternis Nacht. Da ward aus Abend und Morgen der erste Tag.

Kommentar: Himmel und Erde, das ist es, was Gott zuerst schuf. Wir werden später noch sehen, dass dieses zuerst (oder "Am Anfang") kein zeitlicher Beginn sein kann, sondern die Bedeutung der Zahl Hat; denn der Himmel erhält später die Bedeutung des Raumes und die Erde die der Zeit.

Wüste, Leere, Tiefe und Finsternis sind die Charakteristika des Wassers oder mit einem anderen Wort eines Chaos; keinesfalls des Geistes, der allem Anscheine nach ein wenig ratlos darüber schwebt.

Das Licht das Gott werden lässt, ist keinesfalls ein äußeres Sonnen -oder anderes Licht; sondern das Bewusstseins-Licht der Erde, das die

Verbindung herstellt mit dem Bewusstseins-Licht Gottes. Daher ist es gut. Daher wird es geschieden von der Finsternis, was sich dann später als Tag, geschieden von der Nacht herausstellen wird. Und diese Scheidungs-Linie ist astronomisch **der Horizont - die erste Himmelsebene**.

> Und Gott sprach: Es werde eine Feste zwischen den Wassern, und die sei ein Unterschied zwischen den Wassern.
>
> Da machte Gott die Feste und schied das Wasser unter der Feste von dem Wasser über der Feste. Und es geschah also.
>
> Und Gott nennte die Feste Himmel. Da ward aus Abend und Morgen der andere Tag.

Kommentar: Divide et impera! (Teile und herrsche). Das Wasser als das feindliche Element wird geteilt. Das Wasser unter der Feste wird später auf die Erde niedergeschlagen; vom Wasser über der Feste ist fortan keine Rede mehr. Dennoch gibt es zu denken! Das Element des Chaos - ursprünglich der Lucifer - wurde geteilt in zwei Elemente: Das Wasser unter der Feste - später das Element der Seele; und das Wasser über der Feste - später der Satan, der im zweiten Kapitel (I. Mose 2) als "Gott der Herr" auftritt.

Die Feste selbst heißt Himmel und ist der Raum um die Erde, welche sich der Feste gegenüber in Bewegung befindet. Galilei hatte als recht mit seinem Wort: "Und sie bewegt sich doch!" - Die Kirche hatte Unrecht, obwohl sie diese Bibelstelle kannte. Die Bewegung der Erde innerhalb dieser Feste ist die konstante Erd-Rotation oder **der Tageskreis der Erde bzw. der Himmelsäquator - die zweite Himmelsebene**.

> Und Gott sprach: Es sammle sich das Wasser unter dem Himmel an besondere Örter, dass man das Trockene sehe. Und es geschah also.

Und Gott nannte das Trockene Erde, und die Sammlung der Wasser nannte er Meer. Und Gott sah, dass es gut war.

Und Gott sprach: Es lasse die Erde aufgehen Gras und Kraut, das sich besame, und fruchtbare Bäume, da ein jeglicher nach seiner Art Frucht trage und habe seinen eigenen Samen bei sich selbst auf Erden. Und es geschah also.

Und die Erde ließ aufgehen Gras und Kraut, das sich besamte, ein jegliches nach seiner Art, und Bäume, die da Frucht trugen und ihren Samen bei sieh selbst hatten, ein jeglicher nach seiner Art. Und Gott sah, dass es gut war.

Da ward aus Abend und Morgen der dritte Tag.

Kommentar: Die Erde ist das Trockene unter dem Feuchten; aus ihr entspringt das erste Leben, nämlich jener Jahres-Kreis der Pflanzen, dem die zweite Art der Erden-Bewegung entspricht, ihre Drehung als Jahres-Bahn um die Sonne. Wir haben es hier am dritten Tag also zu tun mit der **Ekliptik als der dritten Himmelsebene**.

Wobei wir die interessante Entdeckung machen, dass die Ekliptik oder der Tierkreis ursprünglich ein Pflanzenkreis ist.

Und Gott sprach: Es werden Lichter an der Feste des Himmels, die da scheiden Tag und Nacht und geben Zeichen, Zeiten, Tage und Jahre/ und seien Lichter an der Feste des Himmels, dass sie Scheinen auf Erden. Und es geschah also.

Und Gott machte zwei große Lichter, ein großes Licht, das den Tag regiere, und ein kleines Licht, das die Nacht regiere, dazu auch Sterne.

Und Gott setzte sie an die Feste des Himmels, dass sie schienen auf die Erde und den Tag und die Nacht regierten und schieden Licht und Finsternis Und Gott sah, dass es gut war.

Da ward aus Abend und Morgen der vierte Tag.

Kommentar: Hier betrachten wir nur den ersten Satz: die Aufgabe der Lichter ist es, zu scheiden Tag find Nacht - damit ist wieder gegeben der Horizont.

Ferner gehen diese Lichter Zeichen. Sie haben also wie auch die Schrift-Zeichen etwas zu bedeuten, was aus ihnen herauszulesen ist.

Weiter geben sie Zeiten - Dabei handelt es sich um bestimmte Gezeiten-Gesetze oder Termine, wie sie unter anderem auch die Biorhythmen darstellen.

Und zuletzt geben Sie Tage und Jahre - also die Zeit überhaupt, die nur durch den Unterschied von Tag und Jahr praktisch gemessen werden kann und theoretisch denkbar ist.

Die vierte Himmelsebene wird gegeben von dem Mond und den Sternen, die zwar im Bereiche der Ekliptik kreisen, aber dennoch eigene Sphären bilden. Die Vierte Himmelsebene sind die Neun verschiedenen Gestirnbahnen der Planeten um die Sonne. Diese sind es auch, welche die astrologischen Zeichen geben, welche - wenigstens was den Text der Bibel betrifft - nicht gut weggeleugnet werden können.

Damit hört unsere Bibelexegese auf und wir wollen und den Gestirnen selbst zuwenden und versuchen, ihre Zeichen zu deuten.

Die Gestirne - einschließlich der Sonne - bilden von innen nach außen mit ihren Elliptischen Sphären folgende Reihe:

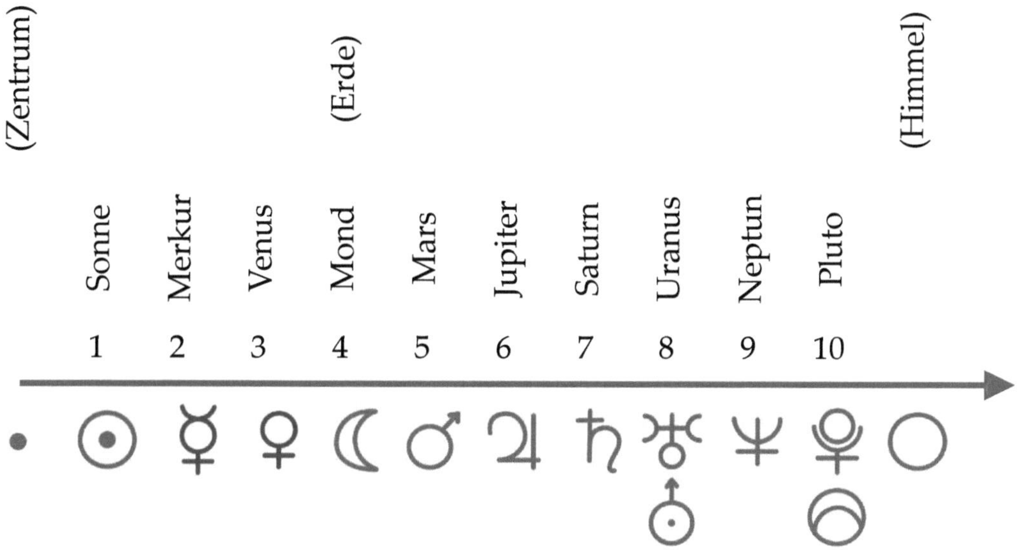

Bei einer Deutung der Gestirne wird man also von der Sonne (1) ausgehen. Hat man diese gefunden, so wird man versuchen die Bedeutung des Merkur (2) zu finden mit der einfachen Frage: "Was gibt es außerdem noch?" Hat man dann diese Bedeutung gefunden, so wird man mit der gleichen Frage die Bedeutung der Venus (3) ermitteln und so weiter bis Pluto (10). Das Ganze wird ebenso einfach und logisch erfolgen, wie die Frage: "Was gibt es außer der 1 unmittelbar noch?" - Antwort: die 2! - Und außer der 1 und der 2? Antwort: Die 3. Und so weiter bis zur 10!

1. Die Bedeutung der **Sonne**

- ist, wie schon ihre Zahl sagt, die einfachste. Die Sonne ist die äußere Licht-Quelle, der die innere Lichtquelle im Bewusst-Sein entspricht: das Wach-Sein oder die Einhelligkeit des Tages überhaupt. In erweitertem Sinne ist sie auch die Quelle aller äußeren Energie, und so bedeutet sie eben auch die Quelle aller inneren Energie des menschlichen Bewusstseins, welche die äußeren Sphären des Menschen erhellt und zusammenfasst. Wir sprechen hier ganz bewusst nicht von Kraft", weil diese ein metaphysischer Begriff ist; aber wir könnten die Sonne etwa als eine sich äußernde Energie-Form der Kraft ansehen und als solche deuten.

2. Die Bedeutung des **Merkur**

- finden wir nun durch die Frage: "Was gibt es außer dem Wachsein unmittelbar noch? - Antwort: Es ist der um das Wachsein kreisende Gedanke oder das Hirn-Bewusstsein des Erkenntnisverstandes, der Vorstellung - kurz all das, was sich um des Wachsein unmittelbar bewegt.

3. Die Bedeutung der **Venus**

- erschließt sich durch die Frage: Was gibt es außer der Erkenntnis und ihren Gedanken-Funktionen im Zentral-Nervensystem unmittelbar noch? - Antwort: das periphere Nervensystem mit seinen Sinnes-Organen und Funktionen, die Sensibilität und Sensualität, kurz alles, was Erlebnis wird und mit einem Hauptwort" Die Erlebnis" heißt. Mir könnten es auch Psyche oder Seele nennen, gerieten aber damit in einen schwer definierbaren metaphysischen Bereich. Es ist besser, wenn wir dem Verstand gegenüber von Gefühl sprechen oder Erkenntnis von Erlebnis unterscheiden.

4. Die Bedeutung des **Mondes**

- ergibt sich wieder durch die Frage: Was gibt es außer der aufnehmenden Nervenfunktion noch? - Nun eben der ganze äußere Mensch in seiner Gestalt und in seiner Haut, der sein Eigen ist oder sein Leib-Selbst; also das, was durch sein Sonnen oder Wachseins-Licht erhellt wird und so in Erscheinung tritt. Es ist das Bild, das er im Spiegel von sich selbst zu sehen bekommt. Wenn die Posten 1,2,3 seine Innerlichkeit waren, so ist der Posten 4 seine unmittelbare Äußerlichkeit. Wir sprechen hier im Gegensatz zur inneren Person auch von seiner äußeren Persönlichkeit. Als letztere tritt er auch in der Außenwelt auf.

5. Die Bedeutung des **Mars**

- ist dann ganz logischer Weise die, seiner äußeren Motorik in Bewegung und Tat. Sein Handelndes Auftreten in der Außenwelt auf Grund seines efferenten Nervensystems, Seine Intentionen, die sich an seinem Wollen oder Streben zeigen, sein äußeres Angreifen und Eingreifen. Hier zeigt sich auch die Anstrengung des Schaffenden - die schöpferischen Momente; aber auch die ganze Bewegtheit der Umwelt. Auch die Außenwelt arbeitet am Menschen.

6. Die Bedeutung des **Jupiter**

- ist dann logischermaßen die eines Folgezustandes seiner Tat - sein Erfolg, seine Auswirkung, sein Gelingen. Aber eben nicht nur sein Gelingen, sein Werk, sondern auch jede Art von Folge aus irgend einem äußeren Grund. So z.B. die Folge aus bestimmten Umwelt-Bedingungen, aus äußeren Ursachen, Ursprüngen, oder Urteilungen bis zu mathematischen Resultaten - je nachdem wie weit sein Aktionsradius in die Welt hinausreichte. Hier liegt dasjenige, was man strenggenommen als Welt oder als das Waltende bezeichnet, in dem ein Mensch lebt.

7. Die Bedeutung des **Saturn**:

Gehen wir von der Wirkung aus, so gelangen wir unmittelbar daraufhin zu der äußeren Bedingung. Für den Menschen liegen hier die gegenständlichen Grenzen seines unmittelbaren Handelns oder seine Widerstände. Bedeutete Mars das Wollen, Jupiter das Können, so zeigt jetzt Saturn das Müssen -oder das Gebunden-Sein an einen bestimmten Gegenstand, der allein die Bedingung alles Könnens vorschreibt in Form zwanghafter Bedingtheit. Charakterisiert die Sonne den wahren Stand des Menschen, so der Saturn den Gegen-Stand oder Gegner des Standes. Jeder Gegenstand ist aber auch jedem anderen ein solcher, indem er einen Widerstand auch ihm gegenüber setzt. Die Welt der Dinge setzt harte Bedingungen und große Härten. Es ist eine Welt der ehernen Grenzen.

8. Die Bedeutung des **Uranus**

- ist über die Bedingung hinaus die der grund-gesetzlichen Ursachen. Wir haben es hier mit der Welt der unverbrüchlichen Kausalität zu tun. Das heiß es handelt sich um jene zwingenden Gesetze, die Unsere Wissenschaft erforscht und die unsere Technik anwendet, um ihre exakten und stets wiederholbaren determinierten Wirkungen zu erzielen. Diese Determinierung ist genau das, was jenes Wort sagt, nämlich eine Außer-Termin-Setzung des Gesetztes von Grund und Folge, und zwar insofern, als verlangt wird, dass bei Setzung eines Grundes zu jeder Zeit (zu jedem Termin) die gleiche Folge eintritt. Wie wir gleich sehen werden gibt es auch andere Grund-Gesetze mit anderen Folgen. Die kausale Folge aus dem Grunde der Ursache jedenfalls heißt Wirkung. Ursache ist das Prinzip des Uranus; Wirkung das Prinzip des Jupiter.

9. Die Bedeutung des **Neptun**

- ist die einer zweiten Art Grund hinter dem der Ursache, nämlich des biologischen Grundes der Ursprünge, deren durchwegs terminierte Folgen nicht mehr Wirkungen heißen, sondern Geschichte. Alle Lebens-Geschichte ist insofern terminiert, als sie einer Termin-Hegel unterworfen ist, welche vorschreibt, wann bestimmte Folgen zu erfolgen haben, wenn sie als sinnvoll und zielführend im Verlaufe der Geschichte angesehen werden sollen. So hat z.B. - wie Hartl[3] bewiesen hat - das Blattwachstum bestimmter Gehölze seinen einzigen Termin in drei Wochen des Jahre und wenn dieser Termin versäumt wird, erfolgt es überhaupt nicht. Alle Ursprungs-Folge ist termin-gebunden oder terminiert und nicht wiederholt. - ein Terminverlust ist unter Umständen ein Lebens-Verlust - zumindest der Verlust einer Lebensäußerung.

10. Die Bedeutung des **Pluto**:

Das große Gesetz von Grund und Folge umschließt vier hintereinander gestaffelte Arten von Logik in sich. Als innerstes haben wir kennengelernt das Gesetz von Ursache und Wirkung oder das Gesetz der Kausalität; darüber hinaus haben wir das Gesetz von Ursprung und Geschichte - also das Gesetz der Originalität darauf folgen sehen; weiter darüber hinaus liegt als die Bedeutung des Pluto das Gesetz von Urteilung und Stringenz; und als letztes werden wir das Gesetz von Zahlen-Mitteilung und Resultat kennen lernen.

---

[3] Helmut Hartl, Freund des Autors/ der Familie und wissenschaftlich Mitforschender an biologischen und pharmazeutischen Fragestellungen: (1941-2018) Studium: Lehramt Biologie und Mathematik an der Universität Wien, Doktorat in Botanik, Habilitation 1970 am Botanischen Institut in Salzburg, Lehrbeauftragter an den Universitäten Salzburg und Klagenfurt, Professor für Biologie an der PÄDAK Klagenfurt, Vorstandsmitglied im Naturwissenschaftlichen Verein für Kärnten, Klein St. Veit 32, 9560 Feldkirchen. Wikipedia: https://t1p.de/035yj Anmerkung des Herausgebers

Das Gesetz der Urteilung ist das der Genialität. Und das Gesetz der Zahlen-Mitteilung ist das der Universalität.

Als Ur-Teilung bezeichnet man beispielsweise die Schöpfung von Himmel und Erde, die eine stringente oder absolut Strenge Beziehung zueinander haben, sodass ohne das eine das andere nicht einmal denkbar ist. Himmel und Erde sind die Teilung und Mitteilung des Raumes selbst, indem sie Raum und Räumliches vertreten. Eines ist der Spiegel gleichsam des anderen; eines allein ist weder denkbar noch als wahr, real oder wirklich vertretbar. Daher gilt auch hier die Stringenz: Wie oben so unten. Das Räumliche ist ein Raum besonderer Art; andererseits kann auch der Raum als ein Räumliches besonderer Art angesehen werden. - Es gibt zahlreiche Urteilungen mit ihren besonderen Stringenzen, die alle eine logische Kategorie untereinander bilden und von tiefster Bedeutung sind.

Damit haben wir die Bedeutung der Gestirne in engerem Sinne skizziert und haben jetzt nur noch den Anfang und das Ende der ganzen Reihe zu deuten, nämlich die Himmels-Sphäre und das Zentrum.

11. Die Bedeutung der **Himmel-Sphäre**

- ist die des letzten aller logischen Gründe, nämlich die der Zahlen-Mitteilung. bzw. der Mit-Teilung überhaupt im Sinne des Logos selbst oder des Wortes. Sie ist der universale Grund, dessen Folge die Resultierende überhaupt ist oder das Resu1tat. Was die Zahl ist, ist bisher in keinem einschlägigem Werk definiert worden. Darum geben wir hier die nötige Erklärung, ohne welche der Abschnitt 11 unklar bliebe:

<u>Die Zahl ist Mitteilung von Einheit durch Mehrheit.</u>

So ist z. B. die 11 als Zahl eine Einheit und dennoch eine Elfheit der 1. Und so ist dies mit jeder anderen Zahl. Auch das Wort ist sowohl ein Lautzeichen als auch ein dadurch bezeichneter, besagter Sachverhalt. Es ist ein Lautzeichen, das etwas bedeutet. Es ist Mitteilung der Buchstaben von einer Tatsache, mit der sich das Wort identifiziert. Und diese Identifizierung ist ein geistiger Vorgang, der beispielhaft für jede Art von Geist ist. Das Wort kann sich mit allem einssetzen; und eben das kann auch nur jeder Geist. Wort und Name sind gewissermaßen das "Ich bin Du". -Das "Ich bin Du" des Himmels zu jedem anderen Geist und zu jedem Geschöpf. Der Edle habe in den Worten die Sache und im Wandel die Dauer - so heißt es im I Ging. - Es ist von vornherein klar, dass man mehr nicht haben kann als das, was in dieser letzten und äußersten Sphäre angedeutet wird.

Von dieser äußersten Sphäre des Himmels gehen wir nun auf die innerste Sphäre des Zentrum über, die sich von hier aus am leichtesten deuten lässt. Als das Zentrum des Sonnensystems wird nicht die Sonne selbst bezeichnet, sondern der zweite Brennpunkt der Erdbahn-Ellipse und in horoskopischer Hinsicht der sogenannte Aszendent - also jener Punkt des Horizontes, welcher im Tierkreis aufsteigt. Dem gegenüber ist der Himmel im Horoskop der Herbst-Punkt oder Waage-Punkt.

12. Die Bedeutung des **Zentrums (Aszendent)**

- ist die des Innersten im Menschen, und das ist dem Wach-Bewusstsein (Sonne) gegenüber sein Unter-Bewusste in mit dem metaphysische: Willen oder des Liebe.

Der Mensch weiß eigentlich nie, was er will und was er liebt, es sei ihm denn aus seinem Unterbewusstsein emporgetaucht. Selbst dann kann er keine Gründe dafür angeben, warum er eben das liebt oder will. Er will oder liebt es eben, weil seine Liebe so beschaffen ist. Wille oder Liebe sind nur spontan da oder gar nicht; zu spontan, um sich Rechenschaft darüber geben zu können. Das Was und Wie erfährt der Mensch erst im Laufe seines Lebens. Selbst dann, wenn man es ihm auf Grund seines Horoskopes vorhersagen könnte, kann er es nur schwer fassen und viel weniger leicht glauben, als man annehmen sollte. Aber eben das ist der Kern seines Charakters.

Außer den obigen Elementen der Gestirn-Reihe gibt es noch die 12 Himmels-Häuser oder 2-Stunden-Abschnitte am Himmelsäquator und die 12 Tierkreis-Zeichen oder Monats-Abschnitte der Ekliptik.

Die Bedeutungen dieser Abschnitte wollen wir auch noch deuten.

Die 12 Abschnitte des Himmels-Äquators beinhalten den ganzen Himmels-Raum der Erde; sie stellen daher eine Raumsymbolik dar. Wir sehen das schon an den vier Hauptpunkten der Tages-Kreises:

- Süden oben 12h00 Durch beide geht der Orts-Meridian
- Norden unten 24h00

- Osten links 6h00 Bildet den Querbalken
- Westen rechts 18h00 des Himmelskreuzes

(In den üblichen Sternkarten sind die Richtungen meist vertauscht!)

Die Deutungen sind ohne weiteres leicht verständlich!

Oben	Höhe
Unten	Grund
Osten(li)	Entscheidung, Trennung, Auseinander
Westen (re)	Begegnung, Verbindung, Ineinander

Die Häuser

1. Haus (Osten unterm Horizont, Morgen vor Sonnenaufgang) = **Entschiedenheit**.

Hier ist die Entscheidung gefallen, und zwar für den inneren Menschen, zur Ausbildung und Entwicklung seines Charakters, welcher das Bauwerk seines Lebens ist. Die äußeren Werke sind abgeschlossen und bleiben hinter ihm zurück. Er trennt sich von ihnen und hat mit ihnen nichts mehr zu tun.

2. Haus (unter dem 1. Haus Nord-Osten, Nacht vor Morgen) = **Vertiefung**.

Hier wird die innere Ausbildung gleichsam vertieft. Es werden die Fundamente des Lebens-Bauwerks ausgehoben. Das Material wird gesammelt und gesichtet. Man kommt auf den Reichtum, der im eigenen Charakter steckt. Es gibt viel Arbeit, aber sie lohnt sich.

3. Haus (unterm 2. Haus Nord-Nord-Ost, nach Mitternacht) = **Gründung**.

Hier werden gleichsam die Fundamente gelegt, nachdem der Grund noch etwas geglättet wird. Die Hauptarbeit der Verinnerlichung ist nun getan; man hat nun mehr Muße und Bewegungsfreiheit und kann sich bereits den Plänen der Innenarchitektur widmen und äußere Schritte unternehmen, um sich Nötiges hierzu zu besorgen.

4. Haus (Nord-Nord-West, vor Mitternacht) = **Stand**

Die Fundamente sind gelegt, man hat einen sicheren Stand im Grunde. Die Sicherheit ist aber erkauft durch eine relative äußere Unbeweglichkeit; man hat sich vielleicht zu festgelegt. Jetzt muss alles klar bedacht und durchdacht werden, denn wie man sich gebettet hat so wird man liegen. Hier spürt man die Verantwortung seines Tuns wohl am meisten. Die Eigenständigkeit bringt zwar große Vorteile, kann aber auch Nachteile haben.

5. Haus (Nord-West überm 4. Haus, frühe Nacht) = **Auftrag**

Hier erreicht das in Vollendung begriffene Lebens-Werk ein äußerer Auftrag. Es ist nicht an und für sich, sondern für Etwas oder Jemand gut. Es kann sich nicht in glanzvolle Einsamkeit zurückziehen - was eigentlich hier mehr oder weniger die Absicht ist, sondern es ist verschiedenes Äußere miteinzubeziehen, was gar nicht so recht zu passen scheint. Hier kommen solche Gedanken, Pläne und Vorschläge mehr spielerisch. Der Ernst aber liegt in der Beharrlichkeit, mit der sie immer wieder kommen. Man braucht noch nicht darauf einzugehen. Noch hat man Zeit und viel von seiner Eigenständigkeit.

6. Haus (Westen unterm Horizont Abend nach Sonnenuntergang) = **Aufgabe**

Hier tritt nun eine Aufgabe immer näher und dringlicher an den Menschen heran, der er sich nicht gut entziehen kann. Er muss arbeiten zwar äußerlich arbeiten, anders als bisher, da er das Schwergewicht auf innere Entwicklung legen durfte. Er muss seine Eigenständigkeit opfern und für Etwas oder Jemand da sein. Das kann als innere Zug oder als äußerer Sog einer Notwendigkeit kommen; aber man fühlt sich dieser Aufgabe keinesfalls gewachsen. Sie erscheint einem zu schwierig, zu wenig gerechtfertigt.

7. Haus (Westen überm Horizont, Abend vor Sonnenuntergang) = **Verbindung**

Hier wird eine Verbindung eingegangen - eine Ehe oder Geschäfts-Partnerschaft. Es ist nichts darüber ausgesagt, ob diese als günstig oder ungünstig empfunden wird; aber es ist eine Ergänzung der inneren Person durch eine äußere. Durch diese Begegnung tritt der Mensch jedenfalls ins Freie hinaus, in den äußeren Raum des Tagesgeschehens.

Es zeigt sich dann gewöhnlich, dass er sich weit besser bewährt, als er im 6. Haus gefürchtet hat. Die Begegnung kommt ihm zu Hilfe, um hier außen zu tun was für ihn notwendig ist.

8. Haus (Südwesten überm Horizont, Nachmittag) = Erhöhung

Die Erhöhung ist das, was man im Leben auch als "Karriere" bezeichnet - als ein Fortschritt in der Rang-Höhe. Die Gefahr ist hier ein zu hoch hinaus Wollen, das Rückschlag und Sturz bringen kann, oder ein dem Rang unwürdiges Verhalten, das ebenfalls kritisch oder gefährlich sein könnte. Rückschläge gibt es nur dort, wo Fortschritte gemacht werden.

9. Haus (Süd-Süd-West, überm Horizont, früher Nachmittag) = **Erringung**

Bei der Erringung geht es nicht mehr so sehr um Höhe, sondern um Weite - das heißt um Bewegungs-Freiheit. Ging es im 3. Haus um Gründlichkeit, so geht es hier um Erhabenheit und Ausweitung. Dies ist nicht ganz ohne Eroberungssucht zu leisten; aber die immerhin positiven Eigenschaften sind hier der Schwung des Vorankommens.

10. Haus (Süd-Süd-Ost überm Horizont später Vormittag) = **Rang**

Hier ist der Rang etwas Selbstverständliches geworden und zeigt nicht nur seine erstrebenswerten Eigenschaften, sondern auch die Schwere der Verantwortung und die damit verbundene Einsamkeit. Man sieht: Ohne Grund keine Höhe, - ohne Höhe keine Niederkunft. Wer hoch steht muss nun fruchtbar werden, oder er steht nicht wahrlich hoch.

11.Haus (Süd-Ost, überm Horizont Vormittag)= **Neigung**

Der Sinn der Hohen ist es, sich herabzuneigen zum Niedrigen. Dies ist der Sinn aller Meisterschaft und nur so kann wahre Gesellenschaft - bzw. Gesellschaft überhaupt entstehen. Die Neigung setzt aber auch eine gewisse Abhängigkeit voraus. Sie ist das Gefälle zwischen Hoch und Niedrig, auf dem man jemand hinauf-ziehen oder erziehen kann. Neigung kann aber auch ein Hang sein, um daran abzugleiten - ein loses Spiel, aber auch Sport. Hier ist die große Fülle aller äußeren Möglichkeiten.

12. Haus ((Ost-Süd-Ost, überm Horizont Morgen)= **Sonderung**

Hier ist der Unterschied zwischen Hoch und Nieder zu groß oder das Gefälle zu steil. Wo äußere Gegensätze zu groß sind, zieht man sich auf seinen inneren Wert zurück. Man ist ein Fremder in der Außenwelt geworden. Der Sinn, sich zurückzuziehen mag schmerzlich sein, aber er führt schließlich zu jener Entscheidung, die mit dem ersten Hause gefallen ist und hier auch herbeigeführt wird.

Charakter der Tierkreiszeichen

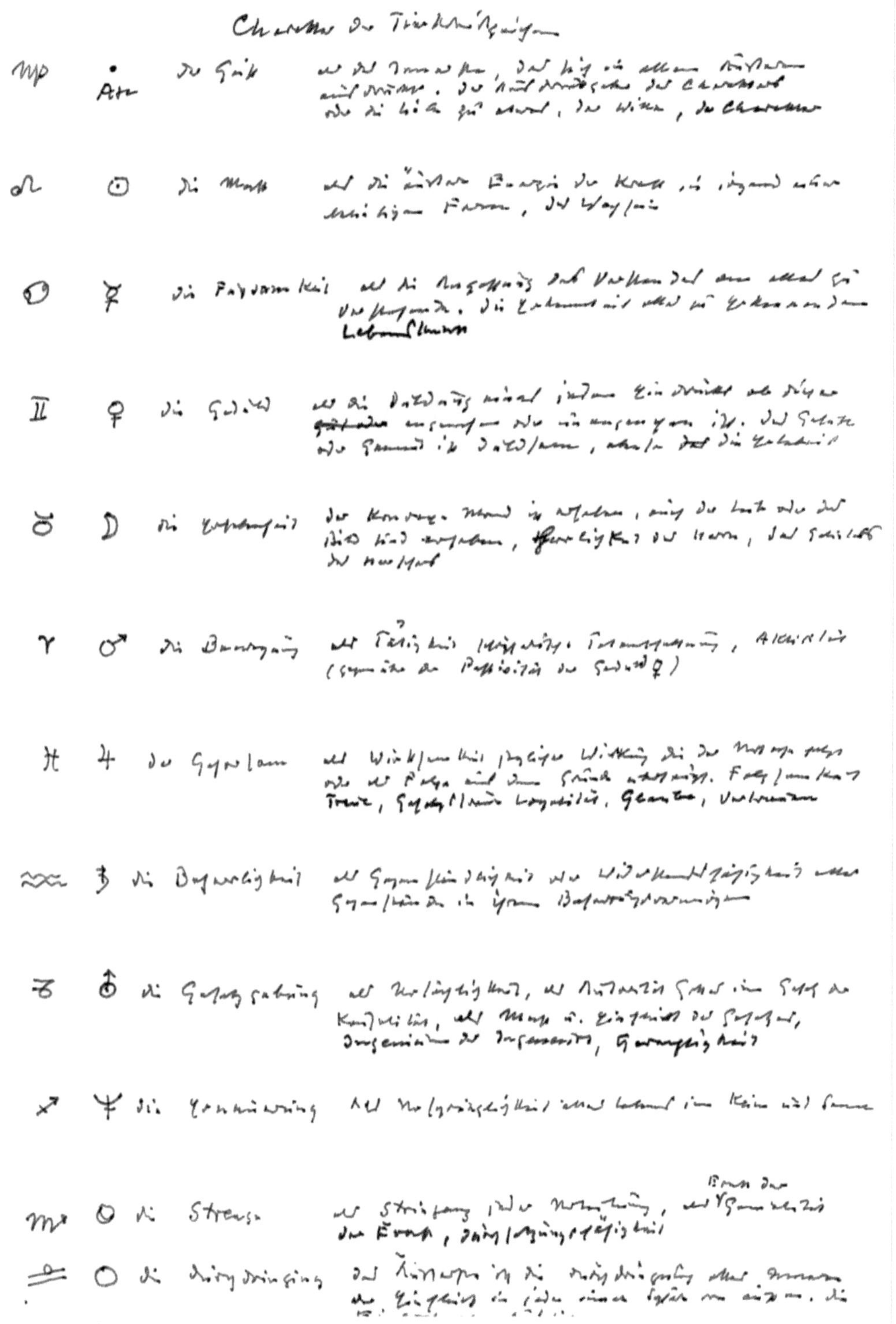
Charakter der Tierkreiszeichen

Damit hätten wir in aller Kürze den Sinn der 12 Häuser gedeutet und kommen nun zur Deutung des Tierkreises. Der Tierkreis ist der Jahres-Kreis der Monate oder der Gezeiten. Er wird daher eine **Zeit-Symbolik** enthalten, und - nachdem die Ekliptik die Sonnenbahn am Himmel ist - eine Zeit-Symbolik der Energie, die wir in etwa als **Rhythmik** bezeichnen könnten.

Waage	♎	Gleichgewicht, stehende Welle
Skorpion	♍	Sog, Zugkraft, beträchtliche Energie
Schütze	♐	Spannkraft, extreme Ausschläge
Steinbock	♑	Wucht, einseitig gerichtete Energie, Tragkraft
Wassermann	♒	Stetigkeit, Energiefluss, Beharrlichkeit
Fische	♓	Macht, Durchsetzungskraft
Widder	♈	Schlagfertigkeit, Parade, kleine Ausschläge
Stier	♉	Stau, Abwehrkraft
Zwillinge	♊	Differenziertheit, Verzweigung, Spaltungsenergie
Krebs	♋	Urteilskraft, Erkenntnis
Löwe	♌	Angriffskraft
Jungfrau	♏	Ordnungskraft, "Jedes kommt an seinen Platz!

Unter den Tierkreis-Zeichen verstehen wir die konstanten 30-Grad-Abschnitte des Jahres-Kreises mit seinen vier Jahres-Zeiten zwischen den vier Haupt-Punkten, nämlich die beiden Sonnen-Wenden und die beiden

Tag-und-Nacht-Gleichen. Diese rund ein Monat dauernden Jahres-Abschnitte haben nichts mit den gleichnamigen Fixstern-Bildern zu tun, die auch keinerlei astrologischen Belang oder Bedeutung haben und nur die Astronomie interessieren. Auch sind die Tierkreis- oder Monats-Zeichen nicht kongruent mit unseren bürgerlichen Monaten, sondern beginnen jeweils um den 20. bis 23. eines Monats. So beginnt z.B. das Jahr nicht bei null Grad Steinbock, sondern etwa bei 8 Grad Steinbock.

Die einzelnen Tierkreis-Zeichen stehen nun außerdem noch in besonderer Beziehung zu der anfangs geschilderten Gestirnreihe, und zwar:

♍	Jungfrau zum Zentrum oder zum Aszendenten	•
♌	Löwe zur Sonne	☉
♋	Krebs zum Merkur	☿
♊	Zwillinge zur Venus	♀
♉	Stier zum Mond	☾
♈	Widder zum Mars	♂
♓	Fische zum Jupiter	♃
♒	Wassermann zum Saturn	♄
♑	Steinbock zum Uranus	⛢ ♅
♐	Schütze zum Neptun	♆
♏	Skorpion zum Pluto	♇ ⯓
♎	Waage zum Himmel oder zum Herbstpunkt	○

Gestirne, die in ihren Zeichen stehen wirken stärker oder bestärken auch die Wirkung des Zeichens. Sie wirken auch über bestimmte Aspekte oder Winkelstellungen harmonisch oder kritisch auf ihre Zeichen und aufeinander ein. Hier wird es notwendig, noch einen kleinen Grundriss der Aspekt-Lehre zu geben, ohne die keine Horoskopdeutung praktisch möglich ist. Hierauf wollen wir die Frage beantworten, was ein Horoskop ist, wie man es aufstellt und zu deuten versucht.[4]

An zwei Stellen in den Bibel finden wir Schilderungen des Jahres-Kreises. Die erste steht bei I Mose 1/11. Wir kennen sie bereits, aber wir haben sie noch nicht gedeutet:

"Und Gott sprach:

Es lasse die Erde	Steinbock
aufgehen	Wassermann
:	Fische
Gras	Widder
und Kraut,	Stier
das sich besame,	Zwillinge
und fruchtbare Bäume,	Krebs
da ein jeglicher nach seiner Art	Löwe
Frucht trage,	Jungfrau
und habe	Waage
seinen eigenen Samen	Skorpion
bei sich selbst	Schütze
auf Erden	Steinbock

Und es geschah also.“

[4] Diese Auflistung ist weit ab der klassischen Zuordnungen von astrologischen Zeichen und Planeten. Das bedeutet jedoch nicht, dass es sich um eine unbedachte oder naive Zuordnung handeln müsste. Es geht dem Autor um die Erkenntnis von hintergründigen Prinzipien und Zusammenhängen. Der Weg dahin mag dem Außenstehenden manchmal seltsam erscheinen und wird tatsächlich nicht immer zielführend oder stimmig sein. So ist Skepsis in jedem Schritt gefordert, was jedoch nicht das Mitdenken durch ein vorschnelles Urteil beenden sollte. Anmerkung des Verlegers.

Die zweite Stelle steht in der Offenbarung. Sie ist eine der bekannt testen und faszinierendsten, aber dennoch bisher von niemand richtig verstanden worden. Vorausgeht in Off. 4/7 die Schilderung der vier Himmeltiere, von denen der Tier-Kreis seinen Namen hat:

> „Und das erste Tier war gleich einem Löwen
> und das andere Tier war gleich einem Kalbe
> und das dritte hatte ein Antlitz wie ein Mensch
> und das vierte Tier war gleich einem fliegenden Adler."

Wir haben also hier: Löwe
Stier
Wasserman
Skorpion

Jedenfalls nach unserer heutigen Benennung. Diese vier Tiere bilden im Tierkreis ein Quadrat:

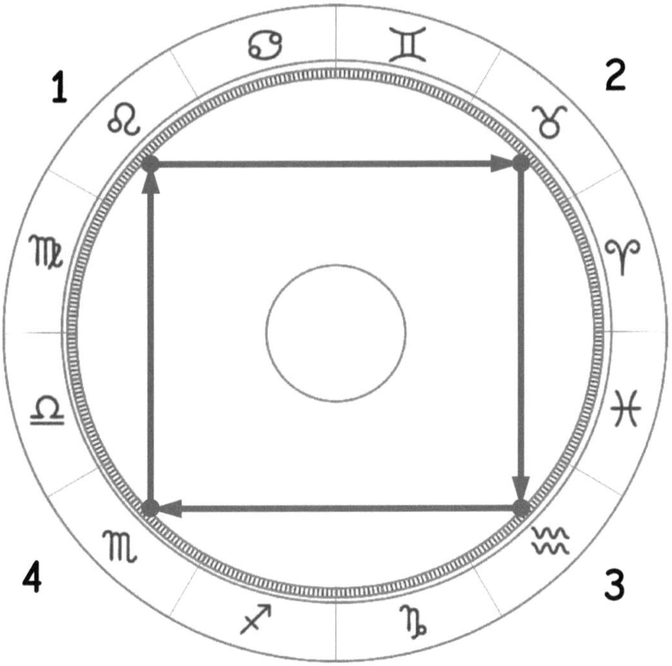

In der Aspekt-Lehre wird eine jede Seite eines solchen Quadrates schon "Quadrat" genannt - also z.B. bereits der Winkelabstand zwischen Löwe und Stier allein.

Doch nun zum apokalyptischen Tierkreis! (Offenbarung 6/ 1 - 8)

> "Und ich sah, dass das Lamm der Siegel eines auftat; und ich hört der vier Tiere eines sagen wie mit Donnerstimme: Komm!
>
> Und ich sah und siehe, ein weißes Pferd, und der darauf saß, hatte einen Bogen; und ihm ward gegeben eine Krone, und er zog aus sieghaft und dass er siegte "

Kommentar: Das erste Siegel entspricht dem ersten Tier, nämlich dem Löwen. Der Löwe ruft das weiße Pferde mit dem Bogen-Schützen, das dem Winter-Zeichen Schütze entspricht. Sein Insignium ist die Gehörn-Krone des Widders, der unter allen anderen Tierkreiszeichen auch das sieghafteste ist.

Hier eine allgemeingültige Zwischenbemerkung: Der ganze Tierkreis - sowohl der der Apokalypse wie auch der nach den heutigen Namen - hat eigentlich nur vier Tiere; darüber hinaus hat er vier Menschen (z.B. Schütze, Jungfrau, Zwillinge) und vier Insignien oder Gegenstände, die auch wie die Tiere und Menschen in einem Quadrat stehen, nämlich den Widder, der kein Tier ist, sondern der gleichnamige Mauerbrecher der alten Römer - Aries genannt. Ebenso ist der Steinbock - in alten Symboliken noch als "Ziegenfisch" bezeichnet - ein Seekriegsgerät, mit dem man wie mit einem riesigen Schwert unter Wasser Schiffe zu rammen versuchte. Die Waage ist als Gerät kenntlich geblieben; und der Krebs ist nicht das harmlose Wassertierchen, sondern die tödliche Krankheit, die auch im Altertum schon "Cancer" hieß.

Diese Zwischenbemerkung wird uns die Deutung klar verständlich machen, weil sie das gesamte Prinzip des Tierkreises von damals aufdecken und dabei das System aufzeigen, welches heute nahezu verlorengegangen ist.

Betrachten wir noch kurz die Winkelstellung bzw. die Aspekte, in denen sich Löwe, Schütze und Widder gegenüberstehen:

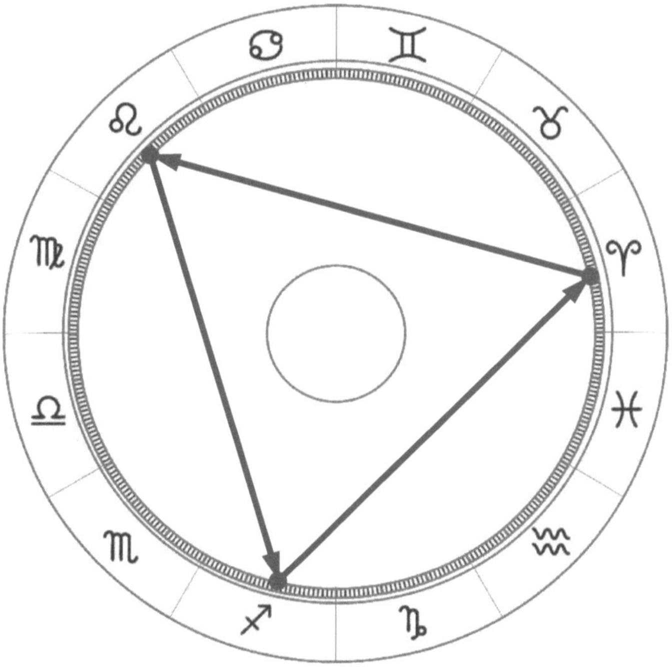

Wir haben hier ein gleichseitiges Drei-Eck, dessen eine Seite einen Winkelabstand von 120 Grad aufweist und als Aspekt ein "Trigon" genannt wird. Doch lassen wir und noch die anderen drei Siegel lösen.

> "Und da es das andere Siegel auftat, hört ich das andere Tier sagen: Komm!
>
> Und es ging heraus ein anderes Pferd, das war rot und dem, der darauf saß, ward gegeben, den Frieden zu nehmen von der Erde, und dass sie sich untereinander erwürgten; und ihm ward ein großes Schwert gegeben.

Kommentar: Das rote Pferd entspricht wieder dem roten Herbst, der im Zeichen der Jungfrau einzieht. Das Schwert entspricht dem Ziegenfisch oder Steinbock.

Das Tier durch welches sie gerufen werden ist das Kalb oder der Stier. Wieder handelt es sich um ein Drei-Eck:

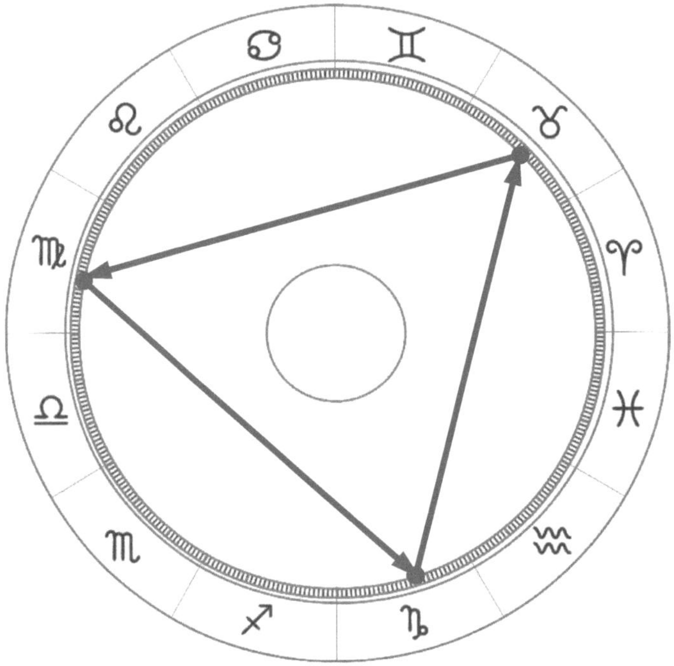

"Und da es das dritte Siegel auftat, hörte ich das dritte Tier sagen: Komm! Und ich sah, und siehe, ein schwarzes Pferd; und der darauf saß, hatte eine Waage in seiner Hand.

Und ich hörte eine Stimme unter den vier Tieren sagen: Ein maß Weizen um einen Groschen und drei Maß Gerste um einen Groschen; und dem Öl und Wein tu kein Leid."

Kommentar: Das dritte Tier ist das mit dem Antlitz wie ein Mensch - der Wassermann. Dieser ruft das Sommerzeichen Zwillinge -das schwarze Pferd deutet gleichsam die Hautfarbe der Menschen im Sommer und im Süden - so wie die Farbe der Pferde überhaupt nicht allein die Jahreszeit, sondern auch die Hautfarben der vier großen Menschenrassen darstellen. Die Zwillinge werden hier angedeutet durch die zweite Stimme unter den vier Tieren im Himmel, sie gehört nicht dem Heiter; und dieser hält eine Waage in seiner Hand: wir sind wohlbehalten beim Tierkreiszeichen Waage angelangt und haben wieder unser Drei-Eck:

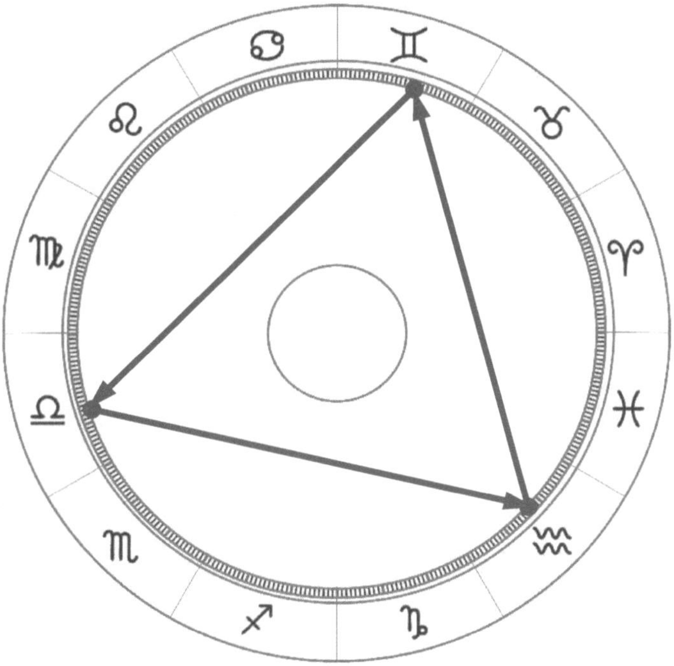

"Und da er das vierte Siegel auftat, hörte ich die Stimme des vierten Tieres sagen: Komm!

Und ich sah, und siehe ein fahles Pferd; und der darauf saß, des Name hieß Tod, und die Hölle folgte ihm nach.

Und ihnen ward Macht gegeben, zu töten den vierten Teil auf der

Erde mit dem Schwert, und Hunger und mit dem Tod

und durch die Tiere auf Erden."

Kommentar: Als das vierte Tier haben wir in der Offenbarung den Adler und in unserem Tierkreis den Skorpion. Dieses November-Zeichen ruft das fahle März-Zeichen Fische. Sie sind stumm, wie der Tod (Im März ist übrigens auch die höchste Sterberate des Jahres). Und was ihm nachfolgt - der Krebs - kann natürlich nur als Hölle erlebt werden. Auch hier haben wir wiederum unser Drei-Eck.

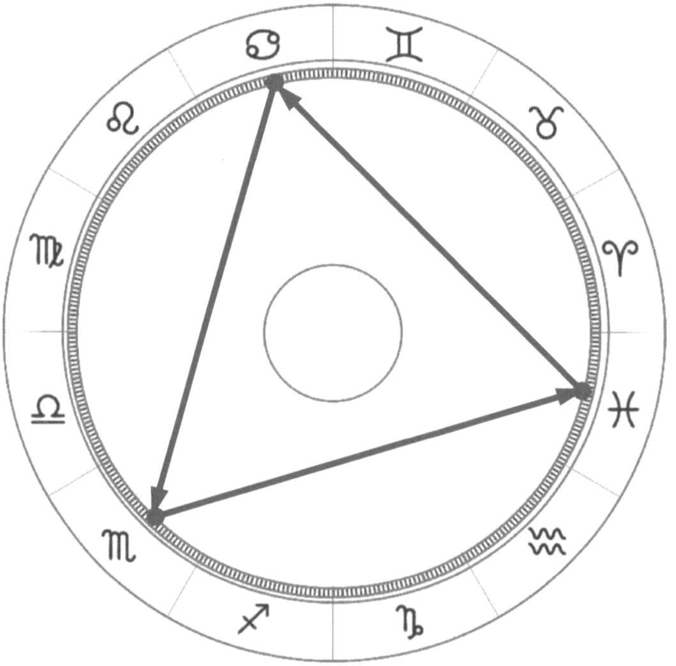

Quadrat und Trigon haben wir die beiden Haupt-Aspekte kennen gelernt. So wie es aber 12 Zeichen gibt, so gibt es auch 12 Aspekte. Wir wollen sie in einem kurzen Überblick einmal dem Namen nach zusammenfassen und dann für jeden die Bedeutung angeben:

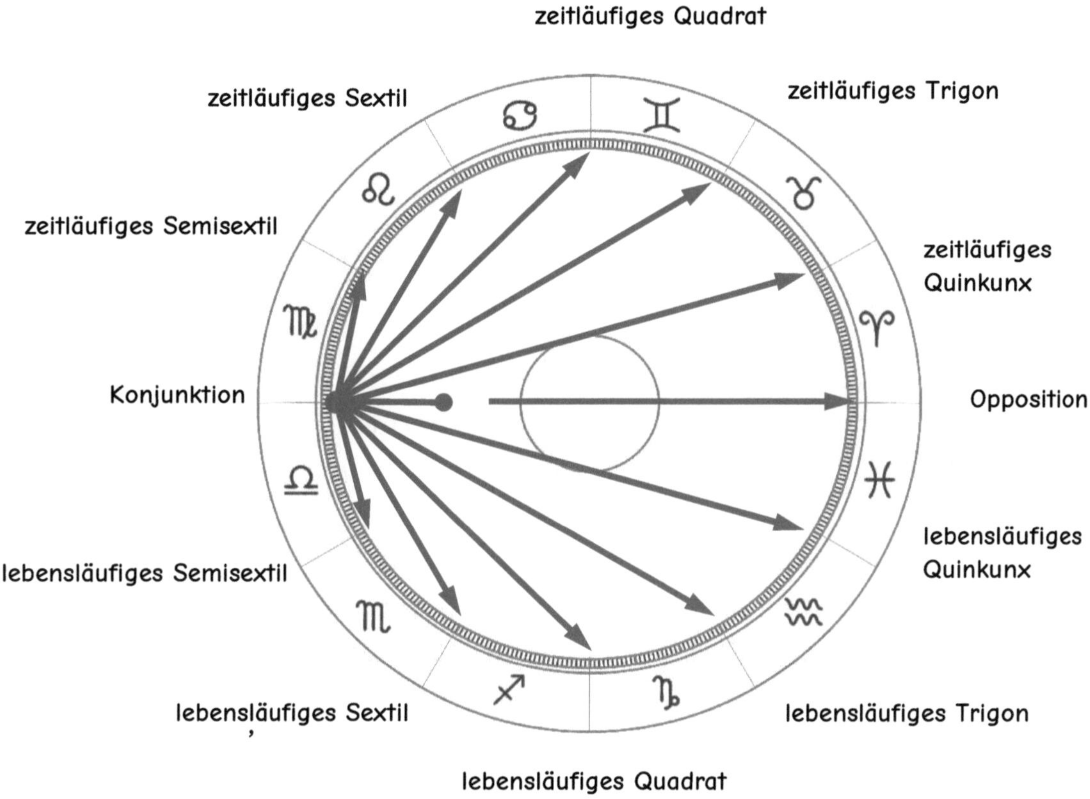

Die Bedeutung der Aspekte

Konjunktion
Zusammenwirkung zweier Gestirne, gewöhnlich mit Verstärkung.

Semisextil (zeitläufig): Nachbarschaft, die beiden Positionen verhalten sich zueinander wie gute Nachbarn, die einander Nachbarschaftshilfe leisten.

Sextil (zeitläufig): Entfremdung die beiden Positionen scheinen auseinandergerückt und erscheinen entfremdet, wie zwei gewesene Freunde.

Quadrat (zeitläufig): Entzweiung die beiden Positionen stehen in Spannung zueinander; jede versucht sich gegen die andere zu halten.

Trigon (zeitläufig): Freundschaft Die beiden Positionen erfreuen einander. Der Aspekt gibt eine gewisse Größe harmonischer Art.

Quinkunx (zeitläufig): Brüderlichkeit; Die beiden Positionen verhalten sich wie zwei weit voneinander entfernte Brüder, die einander jede Hilfe gewähren, und dies auf Grund der Verschiedenheit ihrer Anlagen und Vermögen auch gut können.

Opposition: Polarität die beiden Positionen sind diametral voneinander verschieden und einander sozusagen ausschließend gegensätzlich, jedoch durch existenzielle Notwendigkeit zusammengehalten.

Quinkunx (lebensläufig): Erfüllung Dieser Aspekt ist zusammen mit dem nächsten der schönste und positivste. Beide Positionen haben gegenseitige Erfüllung aneinander.

Trigon (lebensläufig) : Harmonie Beile Positionen stehen in gegenseitiger Harmonie zueinander und sind in ihrem Austausch von besonderer Fruchtbarkeit.

Quadrat (lebensläufig): Gegensatz Der Gegensatz ist weniger kritisch als die Entzweiung, aber in ihrer Härte ihr ähnlich.

Sextil (lebensläufig): Spannung Auch hier ist vom Gegensatz immer noch ein gespanntes Verhältnis übriggeblieben, aber milder als bei der Entzweiung.

Semisextil (lebensläufig): Ergänzung Hier findet eine volle Ergänzung der beiden Positionen statt, sodass jede ihr Genüge findet eine volle Gemeinsamkeit entsteht, jedoch ohne große und Harmonie.

N.B. Eine Unschärfe von Plus oder Minus 5 Grad ist bei den Aspekten immer noch aussagend. Darüber hinaus gilt der Aspekt nicht mehr.

Damit haben wir nun alle Elemente aufgeführt, die zu einer übergeordneten kosmischen Schau von Himmel und Erde hinleiten können und eine Deutung des Mikrokosmos Mensch ermöglichen. Der Rahmen in dem dies geschieht ist das Horoskop.

Horo-Skop heißt übersetzt Stunden-Bild, das heißt, es wird die Stellung der Gestirne für eine bestimmte Stunde aufgezeichnet.

- Man kann zur Astrologie stehen, wie man will, das Horoskop, durch das ein ganz bestimmter Termin festgehalten und von allen anderen Terminen unterschied den werden kann, ist eine streng wissenschaftliche Angelegenheit. Die Deutung des Horoskops ist eine andere Sache. Es ist klar, dass diese Sache da auf schwachen Füßen stehen/ wird, wo man sich noch nicht einmal über die Bedeutungen der Gestirne richtig klar geworden ist und lediglich den Termin der Sonne wissenschaftlich anerkennt, die Gezeiten aber von Mond und Planeten außer Acht gelassen werden. Es ist auch klar, dass jede Geschichte, deren zeitlicher Ursprung nicht interessiert, auch in ihrem Ziel unvorhersehbar sein und bleiben muss. Das Horoskop, welches die erste Stunde einer Lebens-Geschichte zeigt, wird auch etwas über die Geschichte und das Ziel derselben aussagen können. Insbesondere die Biologie als eine Wissenschaft der Termine - als der sogenannten Bio-Rhythmen - wird auf die Dauer ohne Horoskop nicht auskommen können. Man wird jedoch eine Methode finden müssen, das Horoskop rascher zu stellen, als wir es hier und heute in diesem Buch aufzeigen können. Immerhin ist meine Methode unter allen anderen die einfachste. Zum Aufstellen eines Horoskopes benötigen wir:

1) Eine leere Tierkreis-Skizze mit genauer Grad-Einteilung
2) Eine Ephemeride der Gestirne von Sonne bis Pluto
3) Eine drehbare Sternkarte mit Tierkreis und Horizont

3. Wie innen so außen

"Und ich sah einen neuen Himmel und eine neue Erde, denn der erste Himmel und die erste Erde verging, und das Meer ist nicht mehr.

Und ich, Johannes, sah die Heilige Stadt, das neue Jerusalem, von Gott aus dem Himmel herabfahren, bereitet als eine geschmückte Braut ihrem Mann.

Und ich hörte eine große Stimme von dem Stuhl, die sprach: Siehe da, die Hütte Gottes bei den Menschen; und er wird bei ihnen wohnen, und sie werden sein Volk sein, und er selbst, Gott mit ihnen, wird ihr Gott sein;

Und Gott wird abwischen alle Tränen von ihren Augen; und der Tod wird nicht mehr sein, noch Leid noch Geschrei noch Schmerz wird mehr sein; denn das Erste ist vergalten.

Und der auf dem Stuhl saß, sprach: Siehe ich mache alles neu. Und er spricht zu mir: Schreibe; denn diese Worte sind wahrhaftig und gewiss.

Und er sprach zu mir: Es ist geschehen. Ich bin das A und das O, der Anfang und das Ende. Ich will dem Durstigen geben von dem Brunnen des lebendigen Wassers umsonst.

Wer überwindet, der wird es alles ererben, und ich werde sein Gott sein, und er wird mein Sohn sein.

Der Verzagten aber und Ungläubigen und Greulichen und Totschläger und Eurer und Zauberer und Abgöttischen und aller Lügner, deren Teil wird sein in dem Pfuhl, der mit Feuer und Schwefel brennt; das ist der andere Tod.

Und es kam zu mir einer von den sieben Engeln, welche die sieben Schalen voll der letzten Plagen hatten, und redete mit mir und sprach: Komm, ich will dir das Weib zeigen, die Braut des Lammes.

Und er führte mich im Geist auf einen großen und hohen Berg und zeigt mit die große Stadt, das heilige Jerusalem herniederfahren aus dem Bimmel von Gott.

Die hatte die Herrlichkeit Gottes, und ihr Licht war gleich dem alleredelstem Stein, einem hellen Jaspis;

Und sie hatte eine große und hohe Mauer und hatte zwölf Tore und auf den Toren zwölf Engel, und Namen darauf geschrieben, nämlich der zwölf Geschlechter der Kinder Israel.

Vom Morgen drei Tore, von Mitternacht drei Tore, vom Mittag drei Tore vom Abend drei Tore.

Und die Mauer der Stadt hatte zwölf Grundsteine und auf ihnen die Namen der zwölf Apostel des Lammes.

Und der mit mir redete, hatte ein goldenes Rohr, dass er die Stadt messen sollte und ihre Tore und Mauer.

Und die Stadt liegt viereckig, und ihre Länge ist so groß als ihre Breite. Und er maß die Stadt mit dem Rohr auf zwölftausend Feldwegs. Die Länge und die Breite und die Höhe der Stadt sind gleich.

Und er maß ihre Mauer, hundertvierundvierzig Ellen nach Menschenmaß, das der Engel hat.

Und der Bau ihrer Mauer war von Jaspis und die Stadt von lauterem Gol gleich dem reinen Glase.

Und die Grundsteine der Mauer um die Stadt waren geschmückt mit allerlei Edelgestein. Der erste Grund war ein Jaspis, der andere ein Saphir, der dritte ein Chalzedonier, der vierte ein Smaragd,

Der fünfte ein Sardonyx, der sechste ein Sarder, der siebente ein Chrysolith, der achte ein Beryll, der neunte ein Topas, der zehnte ein Chrysopras, der elfte ein Hyazinth, der zwölfte ein Amethyst.

Und die zwölf Tore waren zwölf Perlen, und ein jeglich Tor war von einer Perle; und die Gassen der Stadt waren lauteres Gold, wie durchscheinend Glas."

(Offenbarung Kap 21)

Wir leben von Babylon bis heute in einem Zeitalter der Astrologie; aber mit dieser Zeit - mit der Zeit überhaupt - geht auch die Astrologie zu Ende. Ein neuer Himmel und eine neue Erde sind im Kommen; und das Element des unvorhersehbar sich Wandelnden - das Meer - ist nicht mehr. Was bleibt, ist das Währende. Daraus wird alles neu.

Die Gestirne wandeln, aber ihre Bedeutungen währen. Der Himmel vergeht, aber seine geistigen Bedeutungen gehen auf die neue Erde über; die Erde vergeht, aber ihre Bedeutung geht auf den neuen Himmel über; und dieser neue Himmel ist ein innerer Himmel in der heiligen Stadt; die neue Erde ist eine äußere, nämlich die Mauer der heiligen Stadt mit ihren zwölf Steinen, den zwölf Perlen und ihren äußeren Maßen. Es ist im Prinzip die gleiche Universal-Ordnung, diesmal aber nicht eine des Nacheinander in der Zeit, sondern eine des Zugleich aus dem Geiste, da nicht einmal dieses und dann wieder jenes fehlt, sondern alles da und sogleich verfügbar ist, wie Gott es gibt. Für den Menschen bedeutet das aber die Notwendigkeit einer ganz bestimmten Reife, die das voll Gegebene auch voll zu fassen im Stande ist. Es war für ihn bisher leichter nur einzelne Aspekte der großen Universal-Ordnung zu fassen, als diese selbst in einem einzigen Überblick in sich aufzunehmen.-

Doch nun wird es notwendig, die gesamte Universal-Ordnung in sich zu haben und aus ihr heraus jeden möglichen Aspekt selbst zu formen, den Gott geformt haben will in einen großen symphonischen Zusammenklang des Himmels in den Erden-Sphären.

Der neue Himmel liegt also innerhalb der Erde des Menschen und ist sein Inneres, da Gott wohnt, bzw. der einzige Ort ist, da Gott sich ihm zu erkennen gibt. Die neue Erde aber liegt außen, als das Äußere des Menschen - als seine äußere Persönlichkeit. Beides - Himmel und Erde - bilden die Person des Menschen - Sein ewiges Bin im Sein Beides - Himmel und Erde - sind die heilige Stadt, die ewige Universal-Ordnung des Vaters und des Sohnes.

Diese Ordnung ist ewig da und regiert immer; und damit hört die Zeit mit ihren beängstigenden Unvollkommenheiten, Krankheiten, Kriegen und Krisen auf, und der ewige Friede ist eingetreten mit seinen beglückenden Möglichkeiten, den Vater im menschlichen Bilde auf jegliche Weise Ausdruck zu verleihen.

Zwölf prinzipielle Aspekte gibt es, wie sie Jesus in seinen zwölf Aposteln vorgeprägt hatte. Sie ergeben eine Unzahl an Variationen - 4096 sind es allein, wenn man jeden von ihnen nur ein einziges Mal kombiniert.

Die Namen dieser zwölf Apostel sind wohl überliefert - wenn auch nicht ganz widerspruchsfrei - aber wir kennen heute ihren göttlichen Sinn nicht mehr und müssen ihn wiederfinden, wenn wir ihn auf die Steine schreiben wollen. Wir haben das versucht, wie wir noch sehen werden, und es scheint uns das mit Hilfe der Zahlwerte bestimmter Worte gelungen zu sein. Im Übrigen sind es die gleichen zwölf Bedeutungen, welche wir bereits bei den Gestirnen gefunden hatten.

Für die Namen an den Toren der Stadt stehen die Ordnungs-Zahlen der zwölf Geschlechter Israels, die ihrerseits wiederum für die Ordnungs-Zahlen der zwölf Angebote Gottes stehen. Bisher sprach man immer von den 10 Geboten Gottes oder dem Dekalog und meinte damit zwölf Verbote nach 2 Mose 20. Aber selbst diese sogenannten Gebote sind 12. Diese Zahl ist erhalten geblieben; der Wortlaut aber ist aus dem des geistigen Angebots in den Jargon moralischer Verbote abgeglitten. Wir haben auch hier versucht so gut es uns gelang, Abhilfe zu schaffen. Die Tore sind Wege nach Innen; sie werden am besten durch Angebote eröffnet. Die Namen der 12 Geschlechter Israel sagen uns heute leider nicht mehr ihren Sinn, abgesehen davon, dass sich auch hier Änderungen zugetragen haben. (So ist z.B. das Geschlecht Dan durch das Geschlecht Manasse verdrängt worden!) Vielleicht lässt sich eines Tages alles im Sinne dieser alten Namen aufklären, wenn deren Bedeutungen gefunden werden. Doch bisher ist dies leider nicht der Fall und so mussten wir zur Ermittlung der Universal-Ordnung auch einen anderen Weg geführt werden.

Wir fassen nun alles Bisherige in einer Zeichnung zusammen: Im äußersten Kreis liegen die Gestirne bzw. deren Bedeutungen, ausgedrückt durch die Gestirn-Symbole.

Der nächstinnere Kreis enthält die Tierkreis-Zeichen in Entsprechung zu den Gestirnen.

Weiter innen - ebenfalls noch im Kreis angeordnet sind in römischen Ziffern die Häuser des Himmels-Äquators angedeutet.

Und nun kommt die Mauer der Heiligen Stadt mit den quadratischen zwölf Grundsteinen und den kreisrunden zwölf Perlentoren.

Das Innerste wird angedeutet durch das Wort "ICH BIN DU" des Vaters im inneren Himmel und durch die Ziffer 13, welche die Summe aller einander gegenüberliegenden Perlentore ist.

Die ersten drei Perlentore gehen aus von Morgen, die zweiten drei von Mitternacht, die dritten drei von Mittag und die vierten drei von Abend. Durch diese Reihung bilden immer zwei gegenüberliegende Tore die Summe 13.

Die Reihung der Steine ist eine andere, nämlich die gleiche, wie die Reihung der Gestirne. Die Steine sind hier mit ihren Symbol-Namen bezeichnet:

	Steinart	Name	Zahlwert des Namens	Ziffernsumme
1.	Jaspis	Heiliger	73	1
2.	Saphir	Jesus	74	2
5.	Chalzedonier	Vater	66	3
4.	Smaragd	Herr	49	4
5.	Sardonyx	Schöpfer	95	5
6.	Sarder	Geist	60	6
7.	Chrysolith	Engel	43	7
8.	Beryll	Gott	62	8
9.	Topas	Christus	117	9
10.	Chrysopras	Geber	37	10
11.	Hyazinth	Menschensohn	137	11
12.	Amethyst	Fürsprecher	142	7

Wir sehen hier gleich an Zahlwert und Ziffernsumme unser Auswahlprinzip für die Namen: Die Ziffernsumme des Zahlwertes ist die gleiche Zahl wie die Reihenzahl - mit Ausnahme von 12.

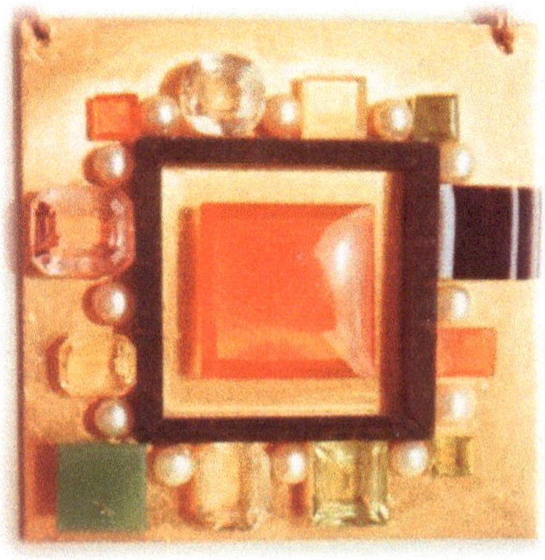

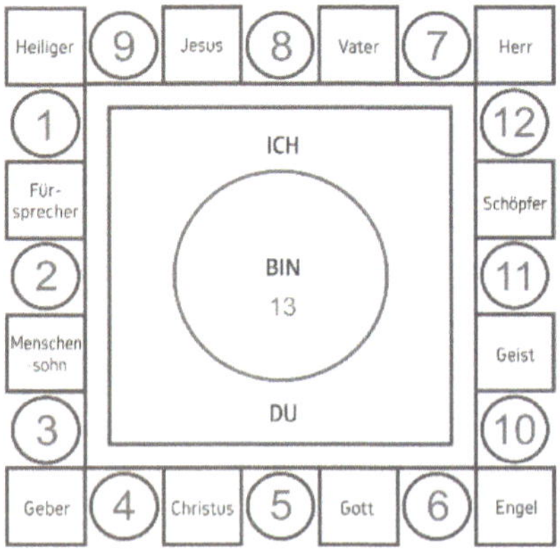

Planeten und Sternzeichen zusammen mit der 12er-Struktur der „Heiligen Stadt“ aus der Offenbarung von Johannes:

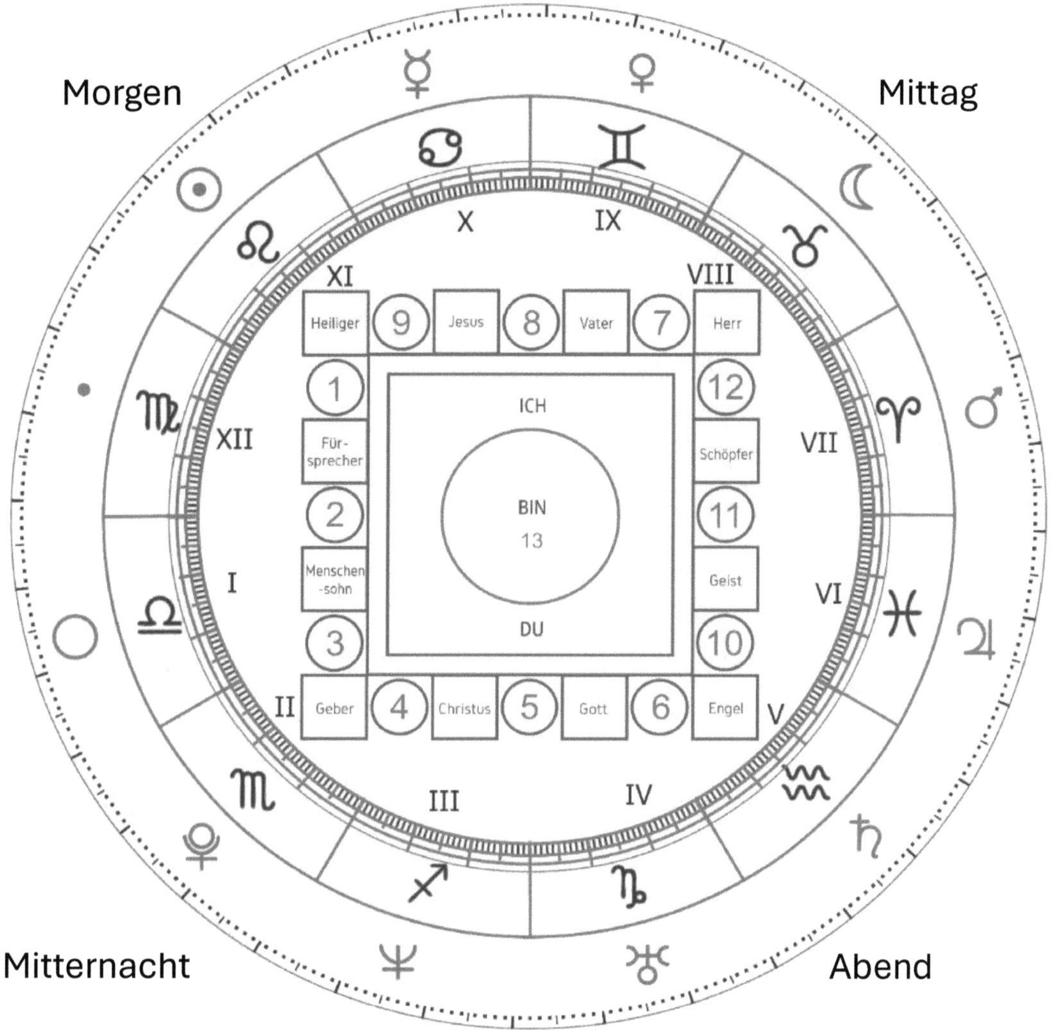

Die Wort-Zahl-Werte der heiligen Stadt

A. Die Namen der Grundsteine[5]:

1. Heiliger	73
2. Jesus	74
3. Vater	66
4. Herr	49
5. Schöpfer	95
6. Geist	60
7. Engel	43
8. Gott	62
9. Christus	117
10. Geber	37
11. Menschensohn	137
12. Fürsprecher	142

B. Name der Stadt-Mitte:

ICH BIN DU - 70

[5] Die hier verwendeten Bezeichnungen für die Grundsteine/Positionen sind dem christlichen Kontext entlehnt. Es geht dabei um den Versuch der Herleitung einer sich universell zeigenden Stimmigkeit. Im Buch „Tanz der Quanten“ ISBN 978-3743970472 habe ich stattdessen auf natur- und geisteswissenschaftliche Begriffe zurückgegriffen, die der Autor in einem anderen Werk den Grundsteinen/Positionen zuordnet – als Ergebnis seiner Herleitungen. Anmerkung des Herausgebers

C. Die Namen der zwölf Angebote Gottes

1. Eins	-	47
2. Zwei	-	63
3. Drei	-	36
4. Vier	-	54
5. Fünf	-	52
6. Sechs	-	54
7. Sieben	-	54
8. Acht	-	32
9. Neun	-	54
10. Zehen	-	58
11. Elf	-	23
12. Zwölf	-	87

D. Zahl der Stadt-Mitte

13. Dreizehn	-	89
Summe:		$1728 = 12^3$

A.	Die Namen der Grundsteine bilden die Summe	955 = 5191
B.	Der Name der Statt-Mitte	70
C.	Die Namen der ersten zwölf Zahlen	614 = 2307
D.	Die Zahl der Stadt-Mitte	89

Summe aller Zahlen = die Maßzahl der heiligen Stadt: 12 x 12 x 12 = 1728

Die Kantenlänge der heiligen Stadt hat 12.000 Feldwegs und Länge, Breite und Höhe der Stadt sind gleich. Die Zahl 191 ist die Namens-Zahl für "Jesus Christus". Die Zahl 307 ist der Zahlwert des ersten Wortes der Bibel:

Am Anfang schuf Gott Himmel und Erde .

14 + 43 + 57 + 62 + 60 + 39 + 32 = 307

Hingegen ist 614 + 89 = 703 - der Kehrwert von 307. Die Zahl 307 hat die 6-Schichten- Ordnung am Anfang der Bibel eingeleitet. Die Zahl 703 beschließt hier am Ende der Bibel die 12-Steine-Ordnung, wobei die 12 Zahlen genau das Doppelte von 307 bilden - 2 x 307 = 614.

All diese Zahlenstimmigkeiten können nicht gut mit der Meinung "Zufall" abgetan werden. Für mich hatten sie die Bedeutung der Stimmigkeit dieser Ordnung. Die Aussage der Zahlwort-Werte ist immens. Ich habe eine eigene Arbeit darüber geschrieben[6]. Hier würde es den Bahnen der Arbeit sprengen, mehr als das Wenige zu sagen, das oben gesagt ist.

Also wenden wir uns jetzt den Bedeutungen der Grundsteine und der Perlentore zu und werden auch hier wiederum die Zahlwerte so weit als möglich berücksichtigen.

[6] Grund für eine weitere Publikation. Anmerkung des Herausgebers

Die Bedeutungen der Grundsteine

Ordnungs-Zahl	Name	Bedeutung	Zahlwert	reduziert
1	Heiliger	Wachsein	82	1
2	Jesus	Gedanke	47	2
3	Vater	Erlebnis	84	3
4	Herr	Eigen	40	4
5	Schöpfer	Tat	41	5
6	Geist	Wandlung	96	6
?	Engel	Ding	34	7
8	Gott	Ursachen	89	8
9	Christus	Ursprünge	144	9
10	Geber	Urteilung	127	10
11	Menschensohn	Zahl	47	11
12	Fürsprecher	Liebe	33	6
		Summe	864	6144

Mit der Zahl 864 = 6144 haben wir die Zahl der ersten Sechs-Schichten-Ordnung am Anfang der Bibel und die Maßzahl der Mauer von 144 Ellen in einer Zahl vereint.

Die Bedeutung der 12 Perlentore:

1 Wach auf und höre mich anhin:
Ich Bin in Dir Dein Wort "ICH BIN". 504

2 An keinem Bilde hast Du mich;
Du selber bist das Bild vom ICH. 504

3 Drum diene nie den Bildern mehr!
Sei nun im Bild: ICH BIN der Herr! 504

ICH komm' zu Dir als Herr der Liebe,
4 Damit sie hier lebendig bliebe. 504

5 Mein Name gibt Dir Macht and Freude;
Gar achte, dass kein Same leide! 504

6 Sechs Tage habe für die Zeit,
Den siebenten für die Ewigkeit. 504

7 Wie Du ehrtest Deine Alten,
Mag sich Neues Dir gestalten. 504

8 Wo Du tötest, war mein Leben
Dir vergebens reich gegeben. 504

9 Ehe Sein Du warst - verstehe! -
BIN ICH und BIST Du durch EHE. 504

10 Es gibt nur, was ICH gab und habe;
Ein Diebstahl ist daher nicht Gabe. 504

11 Zu der Wahrheits-Liebe sprich
Liebes-Wahrheit: Das BIN ICH. 504

12 ICH BIN Dein ICH! Höre mir zu:
Mein Sinn in Dir ist: ICH BIN Du! 504

Summe der Zahl werte aller Verse: 6048 = 3,5 x 1728
+864

= 6912 = 4 x 1728

Die Zahl 3,5 = 1 Zeit , 2 Zeiten und 1/2 Zeit , die in der Offenbarung und bei Daniel in der Zeitrechnung eine besondere Rolle spielt. Die Zahl 4 ist die Zahl des Quadrates der Heiligen Stadt und bedeutet hier die Ewigkeit.

Die Bedeutung der Stadt-Mitte

Bisher haben wir die Bedeutungen der Stadt-Mauer kennen gelernt. Die Stadt-Mitte hat die Bedeutung der metaphysischen Geistes-Kraft des Wortes oder ist das innere Prinzip jeder äußeren Position. Wenn wir von den Namen der Steine ausgehen, so ist die Stadt-Mitte jenes vom Vater ausgesprochene "ICH BIN DU" zu jeder anderen äußeren Position. Missverständlich könnte es wirken, dass der Vater auch im 3. Stein eine äußere Position hat. Aber so wie es ein inneres und ein äußeres Du gibt, so hat eben der Vater auch zwei Positionen. Es hat einen tieferen Sinn, dass der 3. Stein die äußere Vater-Position ist; das Du erkennt man an seinem Gefühls-Wert oder an seiner Erlebnis-Position:

So bedeutet z.B. die Stadt-Mitte zusammen mit der ersten äußeren Position zusammen die *Kraft des Wachseins* oder die *Munterkeit.* – Zusammen mit der zweiten Position: Die Kraft des Gedankens oder das geistige Gedanken-Prinzip, das in der Spontaneität besteht, mit der eine Identifikation von Wort und Sachverhalt eintritt. - Und in analoger Weise geht es durch alle Positionen der Reihe nach weiter. Wir haben ein eigenes Buch geschrieben, in dem sämtliche einzelnen Aspekte verzeichnet sind, sodass man jeden nachschlagen kann. Es würde zu weit über den Rahmen dieser Arbeit hinausgehen, wenn wir das auch nur andeutungsweise aufführen wollten. Diese Arbeit dient zu einer grundsätzlichen Orientierung darüber das Wesen einer allgemeinen Bedeutungslehre, über die Art, wie man zu Bedeutungen kommt und über das Denken in Deutungen Es ist im Prinzip ein Denken in Gleichnissen, die stringent sind - im Gegensatz zum heutigen naturwissenschaftlichen Denken in Kausalitäten, die nur dann logisch sind, wenn man die kausalen Grundgesetze erfasst hat und befolgt, ansonst aber ebenso spekulativ, wie ein Denken in Gleichnissen, die nicht oder nur teilweise stimmen. Das bedeutende Denken ist umso vollkommener, je vollkommener das Gleichnis ist; so wie das kausale Denken auch umso richtiger ist, je sicherer das Ursachengesetz zu wiederholbaren Wirkungen führt oder je eindeutiger die Determination ist. Im bedeutenden Denken gibt es die Determination nicht, sondern dafür das stimmige Gleichnis, das die Strenge der Logik bildet oder die Stringenz.[7]

Wenn ich z.B. eine metaphysische Kraft innen annehme, muss sie auch außen zum Ausdruck kommen - und zwar nach dem Charakter der jeweiligen Position. Ohne diese Äußerung wäre die äußere Position energielos und für uns gewissermaßen gar nicht als solche gegeben, sondern in einer Art chaotisch charakterlosen Existenz, die wir uns gar nicht deuten könnten. Solches wäre auch dann der Fall, wenn die zwölf äußeren Positionen nicht irgendwie von der inneren Kraft zusammengeschlossen worden wären.

Das Faktum aber, dass sie eine äußere Einheit bilden, weist auf die innere Einheitlichkeit zurück. Wir können uns bei einer Deutung im Außenbereich auf diese innere Einheit verlassen und werden nicht enttäuscht werden, wenn wir nur in der richtigen Strenge denken.

Unsere eigentliche Schwierigkeit liegt darin, dass wir zur Deutung jeder Position nur ein einziges Wort gewählt hatten. Das hat große Vorteile; aber den Nachteil, dass diese zwölf Worte bis ins Letzte ihrer Bedeutung klar sein und gleichsam aufeinander eingespielt sein müssen. Ist dies aber der Fall, so ist dieses System universal; das heißt es erweist sich als jene Klaviatur, von der wir am Anfang dieses Buches gesprochen haben.

Nun ein bescheidenes Beispiel für das, was dieses System kann: Nehmen wir an, jemand sei unbefriedigt an den heute herrschenden Anschauun-

---

[7] Ich würde das heute als Denken in Prinzipien bzw. als prinzipielles Denken und Forschen bezeichnen. Wer die wirkenden Prinzipien in einer betrachteten Situation versteht, braucht nicht auf quantitative Forschungen zurückzugreifen, die ihrerseits ja auch nach der Kenntnis der wirkenden Prinzipien entworfen werden müssten. Hier sind oft größere Mängel zu erkennen. Anmerkung des Herausgebers

gen über die Materie und würde behaupten, Materie könne etwas ganz anderes sein, als was man sich heute vorstelle. Nun - bis zu einem gewissen Grad könnte ich ihm vielleicht recht geben, aber eines ist auch nach unserem kosmischen Gleichnis absolut gewiss: Die Materie ist eine Achter-Ordnung (8 Schichten = Kern und Elektronenhüllen, oder in irgend einer anderen Form). Warum das?

Die Materie ist das determinierte Zahl-Raum-Zeit-System, für welche der Ursachen-Konnex maßgebend ist, der in unserem System an achter Stelle steht. Sie kann daher nur eine Achter-Ordnung sein; und dort, wo dieselbe gefunden worden ist, ist jedenfalls etwas Richtiges gefunden worden. Mehr lässt sich allerdings aus dieser Position allein nicht entnehmen; aber es ist immerhin etwas sehr Entscheidendes, was rein kausal absolut unmöglich festzustellen wäre.

Ein weiteres ähnliches Beispiel: Ich fand auf empirischen Wege mit der Rute[8] neun Bio-Faktoren, die in jeder Lebens-Substanz enthalten sind. In den Pflanzen kann manchmal nur ein Bio-Faktor vorhanden sein, zumeist aber sind es mehrere, welche für die Art typisch sind. In den Flechten sind sehr häufig alle neun Biofaktoren vorhanden, die noch dazu in besonderer Weise untereinander verflochten sind, so dass ein Bio-Faktor mehr als einmal darin vorkommt. Aber auch Tiere und Menschen haben nicht mehr als neun Biofaktoren. Warum ausgerechnet neun?[9]

---

[8] Es handelte sich um einen Federstahldraht, in den in der Mitte ein U hineingebogen wurde. Die Arbeit damit entspricht in etwa dem eines Pendels, ist aber schneller. In einigen Feldern konnte der Autor damit erstaunliche Ergebnisse erzielen, etwa in der Diagnostik als Arzt oder bei pharmakologischen Forschungen. Die Ergebnisse bezeichnete er als *Mutungen*. Man konnte mutmaßen, dass sich ein Sachverhalt auf die eine oder andere Art verhielt. Als z.B. das Arzneimittel Contergan durch unerwünschte Nebenwirkungen zu vielen Schäden führte, hatte der Autor das Mittel zwar in der angeschlossenen Apotheke vorrätig, doch er brachte es nie zum Einsatz, weil es bei keiner Patientin „anschlug“. Anmerkung des Herausgebers

[9] Der Autor hat auf der Basis dieser Erkenntnisse eine eigene Medizinreihe hergestellt, welche ihre Basis in Pflanzen hatte, die eine besondere Häufung eines Biofaktors haben. Mit den Erkenntnissen aus dem Pflanzenkreis und aufbauend auf die Arbeiten seines besonderen Freudes Dr. Günter Enderlein (ein Bild von ihm hing in seiner Praxis) konnten

In unserem System steht das Prinzip der Ursprünge - und damit das Leben an der neunten Stelle; also ist das Leben seinem Wesen nach ein Neuner-System.

Aus dem gleichen Grunde ist das System der Dinge ein Siebener-System usw.

Ein Blick auf unsere Universal-Ordnung müsste uns allerdings auch klar machen, dass der Raum ein Zehner-System ist. Das wäre freilich neu; aber sehen wir einmal nach, ob es sich nicht dennoch so verhält:

1. oben
2. unten
3. links
4. rechts
5. hinten
6. vorne
7. zentral
8. peripher
9. innen
10. außen

Es gibt nicht mehr und auch nicht weniger Orientierungs-Prinzipien im Raum als 10. Danach wäre das Zahlensystem eine Elfer- Ordnung. Wir dachten bisher, dass die Dekade oder die 10 das Zahlensystem ausspricht. Die Dekade ist in Wirklichkeit eine geschlossene Zahlen-Ordnung; sie öffnet sich mit der Elf zu ihrer Universalität. Also ist sie darin eine Elfer-Ordnung, denn ohne die Elf bliebe die Dekade geschlossen. In der Dekade aber liegt die Stringenz des Raumes, während die Elf über die Stringenz hinaus geht in ein Reich der unbegrenzten Möglichkeiten.

---

die Biofaktoren im Körper wirksam werden. Viele Heilerfolge gingen auf die BF-Mittel vom Autor und auf die Mittel von Dr. Enderlein zurück. Prof. Helmut Hartl hat, fasziniert von der Wirksamkeit der BF-Medizin, versucht, diese Forschungen weiterzuführen und seine eigenen Schlüsse daraus gezogen. Anmerkung des Herausgebers

Deshalb sind Zahlenresultate lange nicht so streng beweisend, wie geometrische Axiome. Man wird geneigt sein, dass zu bezweifeln, da man seit Einstein die Euklidische Geometrie angezweifelt hat. Das mag sich verhalten, wie es will, aber denkbar ist nur der geometrische Raum. Arithmetisch lassen sich auch andere Möglichkeiten in Betracht ziehen, die weder stringent noch denkbar sind. Die Geometrie ist der Boden der Genialität; die Arithmetik der Grund der Universalität. Hier gibt es auch Dinge, die wir nicht mehr denken können, obwohl sie existent sind.

Unser Zwölfer-System bezieht das Unbewusste des Menschen noch mit ein und die Dreizehn in der Mitte Gott, bzw. den Vater, wie ihn Jesus gelehrt hat. Mehr lässt sich von einer Universal-Ordnung nicht verlangen, als dass sie alles enthält, was denkbar und undenkbar und dabei existent und insistent ist. Nicht umsonst steht diese Ordnung als eine ewige am Ende der Bibel. Über sie hinaus wird niemand je gelangen, ohne in ein Chaos abzugleiten.